Claudia Souto e Paulo Augusto

Oxalá

Lendas, arquétipo e teologia

Copyright © 2020 Editora Rochaverá Ltda. para a presente edição

Todos os direitos reservados para a Editora Rochaverá Ltda. Nenhuma parte desta edição pode ser utilizada ou reproduzida por qualquer método ou processo sem a expressa autorização da editora.

Título
Oxalá
Lendas, arquétipo e teologia

Autores
Claudia Souto/Paulo Augusto

Revisão
Ileizi Jakobovski/Alexandra Baltazar

Capa
Fábio Galasso/Thiago Calamita

Edição e Diagramação
Fábio Galasso

Internacional Standard Book Number
ISBN: 978-65-00-15537-2 / 64 páginas

Sumário

Introdução - 6

Lendas, arquétipo e definições de Oxalá - 8

Definições - 9

Os Orixás segundo as tradições religiosas - 9

Lendas e Histórias do Orixá Oxalá - 11

Sincretismo Jesus - 13

Jesus, católico ou não - 15

Jesus e o espiritismo - 19

Oxalá, Jesus e o Amor - 21

Caridade e fraternidade - 27

Sincretismo - 30

Filhos de Oxalá, arquétipo - 32

Teologia Espírita Oxalá - 38

Natureza santa e os Santos - 39

Porque representam as forças da natureza - 43

Oxalá, fonte de Amor divino - 45

Amor fraterno, paz eterna - 50

Devocionário aos Santos e Servos de Deus - 55

Abrigo divino - 56

Conhecendo os Santos - 59

Santificados sejam todos os Santos - 61

INTRODUÇÃO

Este livro surgiu da real necessidade dos espíritas e filhos de Oxalá terem algo segmentado em que pudessem pesquisar e aprender ainda mais sobre essa santidade, fonte de energia de luz espiritual divina de uma forma mais sacrossanta e não somente através das lendas e histórias de vossa unidade.

O conteúdo deste livro está dividido em duas partes, sendo a primeira parte a história sobre as lendas e o arquétipo segundo o entendimento popular e as tradições das religiões de matrizes espírita/africana e a segunda parte um conteúdo teológico espiritual segundo as orientações e ensinamentos de A Bíblia Espírita, A Bíblia Real, a primeira bíblia espírita do mundo.

E para facilitar este entendimento teológico inserimos uma introdução teológica sobre a mediunidade e as forças espirituais que regem e governam essas forças santificadas em terra para lhe ajudar na busca e no entendimento Santo em relação ao trabalho dos Santos em terra.

No final, colocamos alguns conceitos teológicos da doutrina espírita umbandista através da ótica dos espíritos, pois consideramos relevantes que cada ser tenha consciência do caminho que segue, enquanto espírita e devoto dos espíritos.

Para finalizar desejamos que todo este trabalho seja uma mais-valia para todos os que servirem dele, pois o conhecimento teológico é essencial na vida de todos aqueles que busquem crescer e evoluir através dos espíritos.

Os autores:

A Bíblia Real

Lendas, arquétipo e definições de Oxalá

1. Definições

Cor: Branco

Elemento: Seu elemento é o ar

Dia da semana: Sexta-feira

Comemoração: 25 de dezembro

2. Os Orixás segundo as tradições religiosas

Os Orixás são ancestrais divinizados pelo culto do candomblé, religião trazida da África para o Brasil, durante o século XVI, pelo povo Iorubá. Entre os vários Orixás que eram cultuados está Pai Oxalá, Senhor representando a criação da terra, dos seres e da humanidade.

De acordo com o Dicionário de Cultos Afro-Brasileiros de Olga Cacciatore, os Orixás são divindades intermediárias entre Olorum (o Deus supremo) e os homens em terra. Na África eram cultuados cerca de 600 Orixás, destes foram trazidos para o Brasil cerca de 50, que estão reduzidos por volta de 16 no Candomblé e cerca de 8 na Umbanda. Mas muitos destes são considerados como antigos reis, rainhas e heróis divinizados, os quais representam as vibrações das forças e elementos da Natureza como raios, trovões, tempestades, águas, caça, colheita, rios, cachoeiras, como também grandes ceifadores da vida humana, representando as doenças e pestes epidêmicas; e ainda cobradores das leis sociais e do direito, como leis morais bem como as leis divinas por força da justiça santa do Criador através dos Exús.

No Brasil, cada Orixá foi associado a um Santo da igreja católica, numa prática que ficou conhecida como sincretismo religioso. Oxalá é sincretizado com Jesus Cristo.

3. Lendas e Histórias do Orixá Oxalá

Segundo as lendas e o conhecimento popular das religiões de vertente espírita/africana, Oxalá é o primeiro filho de Olorum, o Orixá mais velho. Devido a sua posição ele se tornou meio prepotente e exigente, sendo assim muito teimoso e perfeccionista. Sempre consegue o que deseja através de suas estratégias e capacidade de raciocínio.

Esse Orixá possui duas características bem distintas, e juntos orientam quem os buscam com as forças de batalhas para alcançar seus objetivos de vida.

Segundo as lendas religiosas Oxalá é o Orixá mais velho, filho a ele que seu pai confiou o saco da criação, para que pudesse criar o mundo. Mas como, todo Orixá, Oxalá deveria seguir alguns procedimentos para fazer o ritual de criação. Ele muito altivo e presunçoso, recusou-se a fazer uma grande oferenda, achando que por ser o Orixá mais velho isto não era necessário. Exú o responsável por fiscalizar a entrada do mundo do além, não gostou nem um pouco da falta de respeito de Oxalá, e quando ele passou pelo local, o fez sentir uma grande sede que o obrigou a furar uma palmeira com o Opaxarô.

Um líquido vermelho e delicioso começou a sair da árvore e Oxalá o bebeu até se embebedar e adormecer, o que ele não sabia é que esta bebida era vinho de palma. Enquanto dormia, seu irmão e maior rival Oduduá passou por ele e roubou o saco da criação, o levando até Olorum e contando que aconteceu com Oxalá. Olorum então permitiu que Oduduá criasse o mundo. Assim, fez toda a oferenda e a primeira cidade a surgir foi Ifé, e Oduduá tornou-se seu rei.

Ao acordar, Oxalá indignado por não estar com o saco da criação foi falar com Olorum, como castigo ele foi punido a nunca poder beber vinho de palma e nem usar azeite de dendê. Mas tocado pela frustração de Oxalá, o permitiu com consolo em criar o homem a partir do barro, onde Olorum sopraria a vida.

Oxalá se empenhou na tarefa, mas não acatou todas as ordens do seu pai, e bebia escondido o vinho de palma. Por isso algumas pessoas nascem com deficiências físicas ou albinas por não ficarem no forno de Oxalá o tempo certo para cozinhar.

4. Sincretismo Jesus

No catolicismo Oxalá é representado por Jesus, que é a representação de Deus para os católicos. Jesus é objeto de muitas interpretações que são atribuídos a ele, dentre as diversas interpretações deturpadas que não são pertencentes a ele, não podemos contestar seu caminho de fé, esperança, amor, caridade e paz. No evangelho de Marcos, Jesus também chamado de Jesus de Nazaré, e é uma figura central do cristianismo. É aquele que trás a maior parte dos ensinamentos de denominações cristãs. O cristianismo e o judaísmo messiânico os consideram como o messias aguardado no Antigo Testamento e referem-se a ele como Jesus Cristo.

Jesus foi um pregador judeu da Galiléia, foi batizado por João Batista e crucificado por ordem do governador romano Pôncio Pilatos. Dentre os diversos perfis aos quais Jesus é classificado pelos estudiosos, se destacam os seguintes perfis: líder de um movimento apocalíptico, Messias, curandeiro, líder carismático, sábio e filósofo e reformista igualitário.

Quase todas as linhas cristãs acreditam que Jesus foi concebido pelo Espírito Santo, nasceu de uma virgem, praticou milagres, morreu crucificado como forma de expiação, ressuscitou dos mortos e ascendeu ao céu conforme os evangelhos vos ensinam.

No contexto islâmico, Jesus (transliterado como Isa) é considerado um dos mais importantes profetas de Deus e o Messias. Para os mulçumanos, Jesus foi aquele que trouxe as escrituras e é filho de uma virgem, mas não é divino, nem foi vítima e crucificação. O judaísmo rejeita a crença de que Jesus seja o Messias aguardado, argumentando que não corresponde às profecias messiânicas do Tanakh (livro sagrado dos judeus).

5. Jesus, católico ou não

Caros irmãos, antes de iniciarmos falando sobre Oxalá, gostaria de falar um pouco sobre Jesus, a quem Oxalá é sincretizado nos cultos de matrizes/vertentes espíritas, para elucidar um pouco sobre este Espírito.

Hoje vemos as pessoas e as religiões divididas à cerca de alguns nomes que constituem suas formações religiosas e até desmerecendo alguns Santos e Espíritos por não fazerem parte de seus fundamentos ou dogmas, principalmente os "Santos" da igreja católica como se "O Santo" pertencesse aquela doutrina e não ao campo espiritual, como se aquele espírito fizesse parte da constituição sócio-religiosa de cunho terra.

Esse fato apenas torna o sincretismo religioso visto como algo muito ruim ou que apenas nasceu para justificar tais práticas religiosas de cunho espírita, e que, além disso os Santos não representem nada além da imagem que represente outra denominação, desconsiderando a "sacrossantidade" de todo e qualquer espírito que atue em nome de Deus, seja dentro ou fora de uma igreja católica.

Por esse motivo eu gostaria de iniciar dizendo que Jesus não fundou nenhuma igreja, e quando digo isso, me refiro à constituição sócio-religiosa com CNJP pagadora de impostos patrimoniais ou qualquer que seja a denominação de pedras e tijolos de cunho religioso para prática de dons e morais, fundamentadas em dogmas ou não ou lastreada em preceitos morais de valores materiais e circunstanciais.

Mas digo que Jesus é fundador de uma instituição podendo ser denominada igreja, congregação, ajuntamento, grupo ou qualquer que seja o nome de maneira espiritual. Pois sua igreja se constitui de pessoas e de valores éticos e entrega aos seus ensinamentos de maneira prática e cultural pelas buscas da evolução do espírito.

Falo isso também porque ainda hoje, depois de mais de dois mil anos de sua passagem pelo mundo a humanidade ainda não entendeu o motivo de sua vinda, muitas religiões o pregam apenas pela busca do enriquecimento material, outras deturpam seus ensinamentos para domínio de massas e muitas outras não o tem como um Santo devido seu nome "parecer" pertencer como fundador de outras igrejas, como as igrejas católicas apostólicas romanas.

E esse fato por muitas vezes faz com que Jesus "pareça" para muitos, quase que um patrimônio daquela instituição religiosa. Fazendo com que outros não o tenham como Mestre ou irmão, filho único de Deus que veio em terra nos ensinar sobre Deus, sim o mesmo Deus que muitos o chamam por outros nomes, inclusive nós que utilizamos a preferência do dialeto Iorubá, para nos referirmos a vossa Santidade, porém o mesmo Deus criador do mundo e de todos nós, independente da nomenclatura de terra que usamos.

Falo isso devido à confusão que existe em ser cristão, isso quer dizer, seguidor de Cristo, seguidor de Jesus e seus ensinamentos e ser católico. Ser católico não é necessariamente um ser cristão, mas necessariamente é ser membro de uma instituição católica. Enquanto ser um cristão é seguir Cristo, ou seja, seus ensinamentos, independente de religião.

Embora a igreja católica seja cristã, isso quer dizer, seguidora dos ensinamentos de Cristo, ela não detém nenhuma exclusividade sobre isso. Jesus veio ao mundo para pregar aos homens de toda e qualquer natureza, fossem estes publicanos, prostitutas, fariseus, mendigos, hipócritas ou não.

Ele não determinou a quais grupos de pessoas serviriam seus ensinamentos, tampouco que o reino de Deus, ao qual viera ele, seria de uso e exclusividade de uma única doutrina religiosa.

Jesus veio pregar a paz, o amor a e a caridade, Ele veio falar de Deus, e Deus não pertence a um grupo religioso e deixa de pertencer a outros grupos devido às nomenclaturas das constituições religiosas de terra.

Por isso digo que a sua "igreja" é constituída de pessoas que aceitam e buscam praticar seus ensinamentos e não é uma constituição de pedras e tijolos e regras que buscam tiranizar pessoas em busca de poderes.

Então a fundação da congregação "cristã" por Jesus, isso quer dizer, seguidores de Cristo, independente da doutrina religiosa que pertença, se baseia nos ensinamentos, no conteúdo Santo lastreada em práticas do bem e do amor e principalmente da caridade.

6. Jesus e o espiritismo

Muito embora me pareça que tenha se perdido com o tempo, a fundação sócio-religiosa e cultura ao qual Zélio Fernandino de Morais organizou, foi constituída à partir de referências e (sincretismo) Kardecistas e Católicos onde o Mestre Jesus possui o mais alto posto espiritual dentro da hierarquia, sendo ele o Mestre de Luz que conduz os ensinamentos divinos como fonte de vida e caminho para a salvação espiritual (evolução do ser). Espiritismo este, que no âmbito das religiões de matrizes/espíritas onde os cultos se fazem através de seus Orixás, Guias, falanges, médiuns (mediadores), isso quer dizer "seres" ou pessoas preparadas para servirem e serem a continuação desta fonte de Luz ao qual Jesus manipula e nos ensina a utilizar. Isso nos mostra que a aplicamos a continuidade do serviço divino e Santo.

Jesus curava pelo amor, curava os cegos, os aleijados e doentes de espírito utilizando-se de uma fonte de vida celestial, embora os judeus e os fariseus o julgavam como curador por força de Belzebu, pois na crença religiosa deles, ninguém poderia curar aos sábados, Jesus exercia seu poder de cura através da energia divina que o abastecia jorrada da fonte de ligação direta ao qual é a mesma fonte de energia utilizada por Oxalá.

Embora nossas crenças religiosas nos fazem crer que apenas Obaluaê nos pode curar o corpo e a alma, Jesus é a prova viva e história religiosa de que a cura acontece através da fé da crença e do poder divino direcionados aqueles que possuem crença e fé, sobre aqueles que por ordem divina os representam em terra. E independente do Orixá ou do dia da semana, Oxalá possui igualmente o poder de curar as dores do corpo e o espírito, não pela intercessão divina, mas por ser regente da fonte divina que possui o mistério da vida, e tudo o que possui vida pode se alterar, transformar e mudar, seja de estado físico, seja de estado espiritual.

Não pelo poder de Belzebu ou apenas com as energias de pai Obaluaê, mas pela manifestação de Deus em terra, através do poder do mistério que mora na casa eterna chamada Amor.

7. Oxalá, Jesus e o Amor

"O amor é a essência da vida eterna, porque Deus é Amor"

Oxalá representa o Amor, Jesus é a manifestação do Amor, uma vez que Amor também quer dizer Deus.

Oxalá dentro do contexto religioso também representa a fé, isso porque fé sem amor seria impossível de existir. O amor é a fonte de energia que rege todos os sentimentos e sentidos de terra, e a fé sendo um dos sentidos mais importantes para um encarnado aos quais seus caminhos devocionais dependem de sua crença para evolução espiritual, a fé também é fonte que abastece e nutre todos os seus caminhos recobertos de amor e de verdades divina.

O amor nos chega através do "derramamento" divino, carregado de sentidos e sentimentos quase que fraternos, sim assim é a maneira mais fácil de entender e interpretar o que é o amor. Falo isso, pois aqui em terra sabemos que uma mãe, é uma fonte "jorradora" de amor e caridade para com seus filhos, não que um pai não seja, mas a mãe é constituída espiritualmente para ser o "útero divino" e manjedoura sagrada para receber e acolher os frutos benditos, os filhos de Deus que irão nascer em terra. E essa além de ser uma atividade de continuidade da vida é um dos atos mais sagrados e iluminados para um ser. Por isso uma mulher, uma geratriz divina, carrega dentro de si, não apenas os frutos divinos, seus filhos e "filhos de Deus", o mais profundo sentimento de graça divina para que possa receber e acolher o milagre da vida.

Por isso, quando falo que as mulheres, diferentemente dos homens possuem uma forma de amor diferente dos homens, é justamente por isso, pois possuem além da ordem divina de carregarem a "criação humana" em seus ventres, recebem para isso, a maior força divina em terra é o sentimento puro e espiritual chamado de amor. E este sentimento é concedido como um presente a todas as fêmeas que doam à Deus, seus corpos para que possam servir de caminho para que os novos espíritos cheguem em terra.

Bem, agora que compreendemos um pouco sobre qual tipo de amor que quero dizer, é justamente sobre isso que iremos nos aprofundar em relação a Oxalá, pois é exatamente este sentido de vibração que ele carrega e jorra por sobre a terra, não exclusivamente sobre as "mães" ou geratrizes, mas em todos os seres.

Oxalá carrega a energia santificada do manto sagrado de Jesus aos quais toda "geratriz" recebe ao reconhecer, receber no ventre e acolher um filho de Deus em seu próprio útero. Porque este útero que passa a ser "casa sagrada de Deus" e não mais simples parte do corpo de uma mulher, é justamente a fonte de energia que conduz a vida ao campo terreno ao qual Oxalá é quem derrama por sobre a terra similar energia santificada a todo instante e em todos os seres.

Irmãos, quero ressaltar que esta fonte de energia santificada de luz em que Oxalá atua é semelhante e uso esta referência materna, pois em terra é a que mais se assemelha a esta fonte de energia para que possamos ter um entendimento melhor daquilo que estou tentando lhes dizer.

O amor materno é também amor fraterno; amor infinito, sem apegos, sem dores de paixões, sem cobranças, sem desespero. Não é o amor que une um homem e uma mulher, é um amor livre, livre de alma e de sentidos de terra, porque ele ultrapassa as barreiras do âmbito da terra e alcança as barreiras da "Vida" ou do espírito que é verdadeira vida. É aquele onde toda e qualquer mãe daria sua própria vida para vê-los bem e felizes, mesmo sem nenhuma recompensa ou reconhecimento.

Porque este é o amor que não cobra, não julga, não pede em troca; é um amor que cura, restabelece, pacifica, faz nascer outras vidas à partir de si mesmo. E ainda que as dores do mundo lhes confrontem à alma, jamais abandonará um filho seu. Este é o amor mais próximo ao que é o amor divino, ao qual podemos compreender em terra.

Falo mais próximo porque quando ele nasce e se descarrega diretamente de uma fonte divina, fonte esta que o Orixá Oxalá utiliza para reger e comandar suas forças de magias neste campo; é uma energia que não é temporária ou se altera entre o amor e o não amor, entre o amor e o ódio, entre o amor e a dor, entre o amor e a falta dele. A fonte de amor divino que Oxalá atua é eterna não se finda, não diminui, não se ausenta, não depende de sentidos de terra, ela é eternamente viva, flui em caridade e vibra em glória eterna do Pai celestial para ser derramada a todos os que necessitem de sua graça, amor e paz.

O amor caridoso que chamamos de ágape é a forma de amor que nos faz sermos famílias e amarmos uns aos outros incondicionalmente e independente de possuirmos o mesmo código genético familiar, mas nos mostra sentimentos puros em relação aos outros, não apenas afeição, mas outras formas de admiração e respeito.

Ágapé chamado também de amor divino ou a mais elevada forma de amar, é o amor sem apegos, sem ciúmes, sem cobranças ou dúvidas. É amor que protege, cuida, acolhe, aconchega e nos recebe com cuidado materno, amor mesmo, sem se misturar com sentidos mesquinhos e pequenos de terra.

O amor de Oxalá para com a humanidade é exatamente isso, amor puro sem condicionamentos ou imposições para existir, ele não vem de sentimentos, confusões de terra ele é verdadeiro, é sagrado!

Amor puro é aquele sentimento consciente que não tem perguntas à fazer, é aquilo que está disponível para o outro, ainda que a incompreensão e a falta de reconhecimento lhe seja a paga pela sua dedicação, e mesmo assim continua a existir e se derramar. Porque para Deus, será sempre gratidão e reconhecimento aos que aplicam o amor e a caridade em vosso nome.

Então, aquele que não desistir de amar será eternamente amado por Deus, e será sempre abastecido de esperança, fé e paz divina.

8. Caridade e fraternidade

Caridade, fraternidade ou fraternal, também quer dizer amor. Amor entre irmãos, famílias, escolha. É uma forma de amar através da opção de amar. O amor transcende os sentidos de terra de ter nascido ou não dentro da mesma família e possuir ou não laços de DNA para que possa existir. Nós somos irmãos por escolha e certeza de desejarmos dividir e expandir o sentimento que nos faz vivos em terra que é o amor.

Utilizamos relacionamentos fraternos ou de decisão de amar o outro dentro do ambiente religioso onde a forma de amar se faz por força das amizades e da caridade prestada aqueles que não fazem parte de nosso contexto familiar, porém possui a mesma importância espiritual dotada de carinho e caridade.

Isso porque o outro, ao qual chamamos de irmãos, desperta em nós o interesse caridoso ou o desejo verdadeiro pelo bem estar e felicidade do outro, assim como a mim mesmo. Porque reconhecemos no outro quem somos, pois o trabalho da caridade nos faz lembrar que somos alguém em busca de afeto, alegria, felicidade e amor, e tudo isso somente é possível de alcançar em comunhão com os demais irmãos de terra, sejam estes familiares ou não.

Até porque o outro é quem carrega as diferenças humanas das quais você deve compreender e buscar compreensão em relação ao que é diferente e não lhe pertence, por fazer parte do seu "outro" ou daquele que irá lhe ensinar sobre compreensão e amor através da caridade.

A caridade é doar-se a si mesmo, prestando serviços divinos, sendo fonte de luz, amor e paz aos necessitados de luz, amor e paz interior pela busca de alívio da própria alma para crescimento espiritual.

Pois aquele que dá é o que mais tem dentro de si para que possa doar de si. Pai Oxalá fonte eterna de amor e caridade, é o que mais possui para nos fortalecer de tudo aquilo que precisamos para que possamos nos nutrir do alimento espiritual "Vida eterna" de forma que sejamos mais brandos, amáveis e pacíficos em nossas caminhadas.

9. Sincretismo

Na cultura religiosa e mitológica Oxalá é sobretudo uma divindade sincrética, com semelhantes atributos de outros Orixás, sua figura de praticante da fé em favor dos homens lhe confere ser sincretizado com Jesus Cristo não por conta dos caminhos espirituais, mas devido a essência espiritual em que ambos atuam, uma vez que a busca e a missão de ambos é nos mostrar os caminhos de Deus e a busca de nossas próprias evoluções através da esperança, da fé, da perseverança, da caridade do amor e da verdade, ainda que tenhamos que morrer por aquilo que acreditamos.

Diante deste sincretismo onde a fé, o amor e a caridade devem ser esteios de nossos caminhos de terra, não por força de nossas disciplinas religiosas, mas por conta de vossas verdades interiores, temos Jesus e Oxalá como referências divinas e espirituais quando nossas crenças e fé estiverem pequenas e fortemente abaladas.

O sincretismo nos prova que tanto a imagem de Jesus quanto a imagem de Oxalá, cada um em sua época, atuaram e atuam em favor da mesma verdade divina, que é a busca pela evolução individual do ser pela força da fé, do amor, da caridade e do serviço espiritual do amor, que tem a mais pura e caridosa intenção de nos elevar como espíritos e seres em busca de crescimento espiritual.

Então enquanto um possui uma grande importância dentro de um panteão Iorubá representando a fé, a esperança e a caridade, o outro possui a mesma importância sendo símbolo e representante do Amor divino, da fé inabalável e da caridade humana, pregando e sendo o "Amor encarnado" para nos servir de exemplo histórico do amor de Deus por nós. Jesus foi pregador do reino do amor e da justiça divina através da própria vida que recebeu.

Ambos obedientes a Deus e servos do poder e da verdade, justos e recobertos de dons divinais, atuando como intercessores divinos nas ações de trazer a força da esperança, da compreensão, da caridade, da profunda fé e do amor através da ancestralidade que une o presente e o passado em uma única vibração celestial, o amor.

10. Filhos de Oxalá, arquétipo

Em um contexto espiritual e religioso acredita-se que o temperamento do médium ou dos filhos do Orixá esteja diretamente ligado ao arquétipo do Orixá. Por isso os filhos de Oxalá carregariam as características pessoais de Oxalá como tranquilidade, calma e paciência.

Porém devo dizer que cada ser humano é um espírito ou um ser individual, com suas próprias histórias, caminhos de vida, missão e principalmente temperamento.

É certo compreender que o médium regido por determinado Orixá, geralmente poderá sim carregar as emanações espirituais de luz e forças que vibram de seu Orixá, porém ser pacífico e tranquilo não quer dizer Oxalá, pois Oxalá não representa passividade ou tranquilidade, representa fé, amor, caridade, não necessariamente alguém impaciente e inquieto não possam ser filhos de Oxalá

Segundo os ensinamentos de (A Bíblia Real – A Bíblia Espírita), isso porque antes de virmos para o campo terreno como encarnados, todos nós "em espírito" partimos de uma "casa celestial ou um Reino sagrado de um Orixá", e isso quer dizer que estamos ligados diretamente a esta energia "santificada por Deus" aos quais chamamos em terra de Orixás ou Santos, antes mesmo de nascermos em terra como encarnados.

Logo, os conceitos e as qualidades como o poder de crença, da esperança, da caridade e do amor ao qual possuem seus "filhos", são na verdade conceitos, qualidades e temperamento pertencentes à própria essência do encarnado e não do Orixá que o rege. O Orixá emana sobre seus filhos sua essência apenas, (pequenas frações, quando existe necessidade espiritual) seus filhos não são a representação do Orixá emanando e exercendo a vossa própria tarefa sagrada em terra.

Por isso, não somente seus filhos, mais todos que necessitem de suas vibrações energéticas serão por Oxalá abastecidos e socorridos em suas demandas.

Então, o Orixá regente ou "pai de cabeça" é quem emana energias vibrando sobre seus filhos, aquilo que ele mesmo possui por ordem e determinação divina, dando a estes "filhos" maior poder em relação aquilo que ele mesmo possui. Mas se utilizar daquilo que seu Orixá possui e lhe entrega por amor, deve partir de uma vontade espontânea de cada filho seu, e não de uma obrigação espiritual.

Isso quer dizer que além de não ser obrigado a ser uma pessoa pacífica, justa, portadora de inabalável fé, caridosa, bondosa e amável, seus filhos também não são obrigados a terem o mesmo temperamento ou seguirem seus passos em suas vidas particulares, todos somos nutridos de individual escolha de vida.

No caso os filhos de Oxalá, ele é quem jorra sobre seus filhos energias de luz e forças no sentido de reerguê-los e refazê-los de suas dores da alma, enchê-los de esperança nas lutas da vida, dar-lhes olhares brandos e pacíficos sobre todas as coisas e principalmente das durezas e maldades dos seres humanos. Mas isso não obriga seus filhos a serem como ele, até porque um ser encarnado é uma pessoa independente de seu Orixá de cabeça.

Devemos compreender que o campo material é um campo de inúmeros desafios para um encarnado e não é apenas o temperamento bom ou ruim que fará de um encarnado um ser bom ou mal, sábio ou ignorante, vencedor ou perdedor em suas labutas. O encarnado possui suas próprias escolhas e opções para a busca de evolução de si mesmo, o Orixá jamais irá interferir em seus caminhos e suas escolhas, sejam estas boas ou não.

Então um Orixá, não está no caminho de um "filho" para lhe emanar de coisas boas ou ruins, temperamentos agressivos ou brandos, porque neste caso não estaria o Orixá lhe auxiliando em nada. Mas é certo que um Orixá jamais lhe causará angústias, guerras, dores e escolhas ruins, mas sim, ensinamentos; o que inclui direção de bons caminhos, boas escolhas.

E tudo isso utilizando as fontes divinas que vibram espiritualmente deste Orixá, no caso do Senhor Oxalá, maior pureza, olhares brandos e esperançosos, confiança e determinação para enfrentar as lutas diárias e acima de tudo, muito poder de compreensão sobre a vida.

Não que seus filhos sejam pessoas de menos compreensão ou mais sofredoras e por isso precisariam de muita ajuda espiritual para atravessarem suas missões, mas porque os homens em geral precisam cada vez mais de serem humanos compreensivos e amáveis em seus meios, para que possam equilibrar a força do desamor, da desunião, da falta de caridade, falta de humanidade, falta de empatia e desejo de vingança, briga e desacordos que existe em campo terreno.

Energias como amor, paz, caridade e esperança tem o poder de reequilibrar os meios, trazer novos olhares, novas formas de entender o outro, e isso não é ser fraco ou pequeno, é agir como agiriam as forças espirituais divinas. Por isso uma maneira de equilibrar através de novos olhares e posturas é emanar sobre seus filhos para que possam serem seus servos e representantes de suas forças e energias em terra.

E isso é exatamente o que todo Orixá ou Santo faz por seus filhos e filhas para que possam descarregar mais amor e termos menos dores e desencontros entre nós mesmos.

Teologia Espírita
Oxalá

OXALÁ |38| Lendas, arquétipo
e teologia

1. Natureza santa e os Santos

Deus é a natureza, e a natureza é Deus!

Agora que falamos sobre o Orixá Oxalá, preciso mostrar como Deus atua com os Orixás de maneira celestial em campo terreno através das energias e forças da natureza. Embora possa parecer que esta divindade não esteja diretamente ligada às forças da natureza, eu vos digo que está sim, pois tudo o que é vivo em campo terreno faz parte do processo natural de vida.

Somos espírito antes de sermos encarnados, e como todo espírito é vivo, somos igualmente abastecidos de energia celestial viva e naturalmente criada para nutrir este elo divino.

A natureza é a força santificada por Deus para abastecer a vida carnal, porque é sobre a natureza que Deus jorra todas as energias espirituais que o campo terreno precisa e também manipula as energias em terra existentes. Enquanto os Santos são as fontes de energia de Deus que emanam as energias espirituais santificadas para alimentar os encarnados de luz divina. A natureza é a fonte recebedora destas energias santificadas, atuando como um campo de recolhimento das fontes de energia direta de Deus.

O Orixá Oxalá atua com vibrações de amor divino em campo terreno através das energias e forças da natureza uma vez que todas as energias se unem e atuam em perfeita comunhão divina para o propósito de abastecerem e nutrirem o campo material da força santificada do Criador.

A natureza é a força santificada por Deus para abastecer a vida carnal, porque é sobre a natureza que Deus jorra todas as energias espirituais que o campo terreno precisa e também manipula as energias em terra existentes.

Enquanto os Santos são as fontes de energia de Deus que emanam as energias espirituais santificadas para alimentar os encarnados de luz divina. A natureza é a fonte recebedora destas energias santificadas, atuando como um campo de recebimento das fontes de energia direta de Deus. E é certo que o ser encarnado recebe todas as energias de todas essas "fontes de energia" fracionadas, vindas do poder da natureza para que possa sobreviver em terra.

Veja só, seria impossível sobrevivermos sem as matas, as águas oceânicas, as florestas, as águas doces, os alimentos que vem da terra, o próprio chão da terra, os ventos, o fogo que é também um condutor de energia vinda da natureza e tudo mais que possa servir de conduzir e manifestar a luz divina em terra.

Como funciona? A natureza é formada de vários elementos orgânicos e "essenciais" criados por Deus para que a vida na terra possa existir, e é através da natureza que Deus manipula a vida que nasce, cresce se alimenta e se finda em campo terreno. E tudo isso, só é possível por força da própria natureza que recebe as energias essenciais de Deus para essa missão de alimentarem os homens e mantê-los vivos, até o fim de suas missões. Mas tudo isso só é possível com a ajuda dos Santos.

E como isso acontece? Deus precisa jorrar sobre o campo terreno suas próprias forças espirituais, porém, as energias do Senhor Deus de tão grandes que são poderiam destruir o campo terreno. Imagine você colocar o planeta júpiter dentro de uma caixinha de sapato? Impossível não é? Isso é Deus, criador de todos nós, uma força descomunal e muitíssimo grande para colocar dentro do campo terreno.

Então o Criador, criou e ordenou os Santos para que façam esse trabalho em seu nome. Isso quer dizer, que Ele criou e ordenou 07 (sete) distintas "Energias de poderes essenciais", aos quais chamamos de Orixás ou "Espíritos de Grandeza", conforme à (A Bíblia Espírita/A Bíblia Real), e as santificou, para que possam servirem de "fontes de energia direta" entre Deus e os encarnados.

Isso quer dizer que estas "fontes" recebedoras da luz divina recebem e através da natureza dão vida, sustentam e alimentam os seres encarnados através dos elementos orgânicos encontrados nas matas, águas, elemento árido, águas oceânicas, ventos e tudo que possa ser condutor de energia divina.

E assim, conseguir manter todos os seres que possam existir igualmente vivos por ordem divina.

Por isso os Santos são a forças divina que além da conduzirem os espíritos à vida carnal para cumprimento de missão, são também as fontes que alimentam o campo natural. Não são a própria natureza, pois esta também não possui vida por si própria, a não ser através do poder e da ordem de Deus de cumprir a missão de alimentar a vida da terra.

2. Porque representam as forças da natureza

Os Santos descarregam suas forças espirituais, compostas por luz divina e cheias de energia santificada sobre os elementos da natureza, eles não são a própria natureza, mas sim receptores das forças divinas e "derramadores" destas forças sobre a terra.

O poder de manifestação divina e manipulação dos elementos naturais vêm exatamente deste fato, pois ao mesmo tempo em que as recebem precisam também derramar, caso contrário seriam destruídos devido o tamanho da força que recebem e manipula. Então, derramar sobre algum elemento que pertence à em terra é a forma de trazer em terra as forças de Deus. E a natureza grandiosa e poderosa que é, recebe todas essas energias e as torna vivas tornando vivo tudo o que tem vida orgânica.

Por isso, as forças espirituais santificadas representam o poder da natureza, pois estão diretamente ligados ao poder natural dos elementos da terra, consagrados por Deus. E todas estas energias e formas de emanação nos direcionam ao Criador. Pois todas as criações estão ligadas a Ele por meio da verdade que se expressa na natureza e sem esta verdade não há vida na terra. Então, sem os elementos naturais não seria possível existir vida. Logo, os Santos são aqueles que representam o próprio pó da vida, da qual sem ar, água, terra, fogo e ar, não se pode existir vida.

3. Oxalá, fonte de Amor divino

"Eu sou o caminho a verdade e a Vida"

Embora não tenhamos muitas referências a cerca de Oxalá e geralmente as referências que temos são referências trazidas de Jesus ao qual não sabemos exatamente explicar porque Oxalá não é Jesus, e mesmo assim temos a certeza de que Oxalá representa o amor, a caridade, a bondade ao qual bastante se assemelham aos dons de Jesus Cristo. Então porque não dizer que seriam Espíritos nascidos da mesma fonte de Luz divina?

Preciso lhes dizer que Oxalá é uma unidade espiritual, assim como os demais Orixás que carregam uma energia vibracional para ser derramada em terra por ordem e determinação de Deus.

Neste caso a energia que ele carrega que é diferente da fonte de energia de Oxóssi que é a frutificação, que também é diferente das fontes de energia de Iemanjá que são as energias que refrigeram o cume da terra ou Xangó que rege a força que vibra sobre o poder da justiça, Oxalá possui uma das mais poderosas energias que é a energia que nos constitui seres que emanam e jorram energia de luz fraterna ao qual chamamos também de amor, paz, vida, esperança ou tudo que possa ser e trazer luz em nossas vidas.

Essa fonte de energia direta que nos faz sermos amáveis uns com os outros, que nos faz sermos caridosos, misericordiosos e pacíficos em terra, é a fonte da "ligadura entre os homens e Deus" através da única força condutora de energia divina em terra que é a "vida". Vida também quer dizer "espírito", "amor" "caridade" e "Deus". Caso contrário, seriamos homens de lutas e mortes o tempo todo.

Isso quer dizer que a "fonte de energia direta" entre os homens e Deus (A Bíblia Espírita – editora Vida de Bravos/Editora Rochaverá) que nos liga a Deus, é uma fonte abastecida de energia pacificada em amor. Deus é amor e ele não nos daria nada menos do que aquilo que Ele possui que é o seu próprio Amor.

Esta fonte de vida eterna nos abastece incessantemente, assim como as demais fontes de energia vital que se encontram em terra, e podem ser encontradas nos ajuntamentos naturais, como as matas que nos dão os frutos, o solo árido que nos sustentam em terra, nas águas que nos refrigeram, fontes essas tão divinas e importante, que se acaso nos faltarem, morreríamos.

Da mesma maneira é a fonte de energia de "Vida eterna", pois se acaso não fossemos abastecidos em luz divina que é a própria "vida" não estaríamos vivos, pois o "fio de prata" (ler em A Bíblia Espírita) que nos permite recebermos luz espiritual divina, chega até nós através desta ligadura que despeja energia vital em todos os seres que em terra se encontram.

Isso porque quando um espírito deixa o campo espiritual para cumprir missão em campo terreno, ele precisa ser abastecido de luz divina para que não "morra" sem a fonte de luz que espiritualmente já o abastecia e nutria da luz de Deus. E estando ele em campo terreno, se faz necessário continuar a receber essas energias que são vitais para todo e qualquer espírito cumpridor de missão em terra. Isso porque em campo terreno, as diversas vibrações energéticas de diversas fontes de energias que são jorradas diariamente, dos próprios seres encarnados, poderiam enfraquecer um espírito encarnado, o tornando neutralizado e o impedindo de cumprir sua missão por falta de forças para caminhar sobre essa terra.

Como em terra todas as fontes de energia e luz são regidas por uma unidade espiritual, em terra a unidade espiritual que rege esta fonte de energia de "vida eterna" nós chamamos de Oxalá.

Então vejam vocês, se muito mais do que o sincretismo Jesus representa aquele que veio em terra, sendo a manifestação de Deus através da fonte de amor ao qual é a mesma fonte de Luz que Oxalá utiliza para representar Deus também nesta terra, e cumprir sua ordenança espiritual através das magias e poderes que nos conduz em terra, pela mesma força de amor e caridade, sendo a representação do amor eterno de Deus, que é aquele que nos conduz em amor e em glória pelas vibrações que Ele mesmo possui.

Jesus é a representação do amor na própria carne e Oxalá a representação do amor exalando e emanando o amor de Deus em forma de luz através da fonte de ligação direta (A Bíblia Espírita) ao qual ele mesmo rege em terra.

O que os difere é apenas o sincretismo que utilizamos em terra para nossas formações religiosas; porque espiritualmente, quero dizer, aos olhos divinos nenhuma diferença existe entre os dois. Ambos são espíritos altamente elevados cumprindo as ordens de Deus conforme a vossa ordenança e sagrada autoridade.

Porque Deus amou o mundo de tal maneira! E ainda nos ama, independente de religião, não apenas os judeus, os hebreus, os semitas ou agora os católicos por acreditarem que Jesus seja junto com Pedro o fundador da igreja católica apostólica romana. Deus nos ama seja através de todas as fontes divinas que o representam através da natureza, seja nos mostrando o exemplo do bom filho através de Jesus, seja através de Oxalá que carrega a "fonte das fontes de energia de", "vida eterna". Deus nos ama e eternamente nos amará porque somos seus filhos antes de sermos religiosos.

4. Amor fraterno, paz eterna

Todos nós somos testemunhas do sofrimento de Jesus, do amor eterno de Oxalá e de todos os homens que andam sobre o amor divino, praticando e exercendo o amor ao próximo, porque em nosso mundo, todos os que dão a segunda face, todos os que perdoam seus inimigos ou todos os que tem uma palavra de fé aos desequilibrados da vida, são reconhecidos como pessoas fracas ou medrosas diante do mal.

Isso porque o nosso entendimento sobre "poder" ainda se encontra na casa do mal ou dentro das mentes doentias recobertas de inverdades de creem que o diabo talvez possa ser mais forte do que "Deus quem o criou".

Ainda somos pessoas que nos apoiamos naqueles que mataram Jesus por acreditarem serem possuidores da verdade e do poder. Esquecendo-nos que nenhum poder jamais será mais forte que a luz, invadindo a escuridão ou transformando água em vinho pela força da magia que a Luz divina possui.

Então todos nós somos testemunhas quando nos colocamos em observação em relação à forma de amor que mais se aproxima deste amor que é o amor materno ao qual chamamos também de amor fraterno. Quando olhamos para o exemplo de Jesus que veio em terra para pregar o amor, falar de Deus e ser a representação do que é ser um bom filho e foi morto por aqueles que diziam serem conhecedores do que quer dizer Deus (Amor), compreendemos como o amor verdadeiro está disposto a entregar-se sem nada receber.

Oxalá meu Pai, não acima dos demais Orixás, mas sincretizado com o Mestre Jesus, é carregador igualmente aos demais Orixás de uma fonte de ligação direta (A Bíblia Espírita) que é a fonte de Vida eterna recoberta de luz, paz, amor e esperança.

Luz criada para jorrar e derramar sobre todos os homens ainda que nenhum jamais lhe reconheça como o servo ou um "filho do Criador" preparado para tal função espiritual. Assim como ocorreu com Jesus, "filho único" preparado para a missão de "ser o cordeiro imolado do mundo" onde jamais fora reconhecido como um verdadeiro Santo à destra do vosso trono (espiritualmente é). Talvez por não ter sido martirizado pela igreja católica ao qual nascem muitas de nossas referências religiosas, talvez por possuímos crença ainda pequena, ou por não termos realmente entendido a vossa passagem pelo mundo.

Oxalá é vestido de alma bendita, testemunha do sofrimento de Jesus, nascido da mesma fonte de energia divina, o amor, sendo igualmente incompreendido quanto a vossa pureza, santidade e manifestação da fortaleza divina. Oxalá é a continuidade da fonte de amor e de caridade que um dia caminhou em terra manifestando Deus através da matéria do corpo físico.

Oxalá é Deus jorrando energia santificada para que sejamos recebedores de vossa graça e amor eterno, até aqueles que caminham bem distante da palavra amor por força das durezas da vida.

É aquele que derrama sobre os homens a certeza da glória de Deus nos fazendo crer que ainda que o mal nos pareça forte, apenas o amor nos dará direção para a casa eterna do Pai.

Oxalá é quem nos direciona aos caminhos da paz pela escolha da paz ao qual temos de Deus o direito de opção entre o bem e o mal, porque dos homens nenhum direito foi retirado, ainda que possa ser o desejo de andar distante da paz eterna, Deus.

Oxalá é quem cuida da alma e nos direciona em caminhos brandos e ternos, como se a terra fosse a própria casa celestial para aqueles que decidem utilizarem de vossas fontes de energia eterna, e prostrarem seus espíritos diante de vosso trono recoberto de paz, ainda que o mundo lá fora caminhe em completo desalento e tormento eterno.

Devocionário aos Santos e Servos de Deus

1. Abrigo divino

O campo terreno é um campo de lapidação de almas através das missões que cada espírito encarnado possui. Espiritualmente aqui, é um abrigo sagrado que recebe todas as forças, poderes e emanações de Deus, tornando-se uma casa sagrada para lapidação de almas. E somente se tornando uma casa sagrada poderia mostrar ao ser humano o poder de amor que o Criador possui, quando cria espiritualmente fontes de emanação de energia direta espíritos que recebem para encaminhar para essa terra, tudo aquilo que somente Ele poderia, que são as energias santificadas em forma de amor, caridade, bondade, frutificação, luz, sabedoria, conhecimento, ciência e poder de justiça que somente ele em verdade possui. Porque ainda que os seres de terra tenham tudo isso, esse tudo, foi recebido de algum lugar ou de alguém; e esse lugar é o campo celestial e esse alguém é o próprio Deus, através dos espíritos santificados.

Mas somente com todo esse preparo que a terra recebe e com todas essas emanações cheias de luz divina com o auxílio dos Santos, é possível nascer, crescer e cumprir missão aqui deste lado. Ainda que o campo terreno seja um campo de aprendizado, uma vez que todos os espíritos que aqui se encontram estão de alguma forma buscando sua evolução através de lições espirituais por força de alguma lição que esteja passando, lições estas que muitas vezes chamamos de dificuldades, aqui é o maior campo espiritual e sagrado de amor, caridade e bondade; porque Deus em sua eterna bondade além de nos criarmos espiritualmente, nos concede vivermos neste campo espiritual lindo e capaz de nos atender em todas as nossas necessidades.

Este é o único campo espiritual que possui águas límpidas para nos alimentar e refrigerar, solo sagrado para pisarmos e caminharmos, alimentos que brotam do chão para nos alimentarmos, as aves voam tranquilas e serenas, nos mostrando como a vida pode ser leve, tranquila e divina; aqui temos lindas paisagens e vegetações, oxigênio puro para nos abastecer, as vidas nascem e se renovam todos os dias. E tudo isso somente é possível com a santa e sagrada contribuição dos Santos, que são espíritos altamente preparados e sagrados em nome de Deus que os permitem serem o elo entre Ele e nós seres humanos, filhos aprendizes do que significa o amor verdadeiro.

E os Santos que são estes elos que nos ligam à Deus são a representação do que é o amor divino em sua plenitude, pois tudo fazem por nós, e em nossos nomes. Sem nos perguntar absolutamente nada, sem se importarem se somos bons ou não uns com os outros, sem se importarem se somos verdadeiros em nossas caminhadas ou se estamos aprendendo as lições espirituais ou pregando e fazendo tudo ao contrário do que é a ordem divina. Então os Santos, são a mais pura representação da face de Deus, nos abençoando e nos trazendo luz divina, amor, caridade, piedade, compreensão e justiça divina em forma de alimento espiritual, para o corpo e para alma.

2. Conhecendo os Santos

Deus em vossa plenitude misericordioso permite que os espíritos mais altivos e preparados espiritualmente sejam vossos servos espirituais, nas lutas e serviços Santos, para que laço ou o elo espiritual jamais se quebre diante da vossa verdade. Os Santos são o poder que está em tudo e encontra-se em tudo, porque cada espírito Santo e sagrado é uma ponta deste elo espiritual criado por Deus, para que todos estejam seguros embaixo do manto sagrado de Deus.

Isso quer dizer que mesmo diante das maiores dificuldades de terra, ainda que não possamos falar diretamente com o Criador e lhe pedir socorro, ainda assim existirão aqueles que carregam as forças e energias de Deus e irá levar nossas preces e nos ajudar diante de nossas dores e dificuldades.

O Pai Maior jamais nos abandonará, porque aonde existir uma intenção boa em vosso nome lá Ele estará, ainda que através de um de seus servos, os Santos, que carregam as vossas energias santificadas e vontade de nos acolher e nos cuidar em todos os momentos de nossas caminhadas terrena.

A bondade divina é eterna, por isso, ele nos abençoou com esses espíritos santificados para que jamais estejamos sozinhos e desamparados, porque ainda que Ele mesmo não adentre em espírito neste campo sagrado, sempre haverá um espírito preparado em vosso nome para nos socorrer e nos abençoar representando ele mesmo, carregando as vossas próprias luzes.

E essa verdade não muda devido a igreja, ao templo, a casa espiritual; porque Santo é Santo em qualquer lugar, suas ações e missões independem dos encarnados. Porque ainda que estes possuam cargos e patentes de terra diante de suas doutrinas em nada suas vontades podem interferir naquilo que devem fazer em nome daquele que vos criou e vos ordenou a serem o que são. Por isso, os Santos não caminham sobre ordens e diretrizes de homens de terra, mas sim sobre as ordens e diretrizes espirituais que os regem e vos guardam em casas sagradas celestiais.

3. Santificados sejam todos os Santos

Devoção aos Santos Espíritos

Santificados sejam todos aqueles que estejam dispostos a trabalharem em nome de Deus para servir ao Criador em favor dos homens da terra, sendo as fontes de energias diretas de Deus para que os homens sejam nutridos e alimentados em todas as suas necessidades de homens. Evocados em nome da santidade que é Deus, sejam todos os espíritos que distribuem luz, amor e caridade, sem pedir nada em troca, apenas pelo compromisso e a missão espiritual, para que sejamos aliviados de nossas dores e opressões de homens.

Iluminados sejam todos aqueles que escutam e temem a Deus em todos os vossos dias, pois estes sabem quem é o verdadeiro Deus e a vossa verdadeira força de vida e de morte, ainda que estas estejam distribuídas através dos Santos em prol dos que caminham sobre o verdadeiro espírito de luz e de bondade, único capaz de dar e de tirar a vida dos filhos da terra.

Louvados sejam todos aqueles que abrindo mão de suas próprias unidades, atuam única e exclusivamente a atender as vontades do senhor Deus para que todas as vossas determinações sejam cumpridas

Abençoados todos os que se sacrificam e se imolam em nome da força maior e do poder supremo, não por medo do fim e da morte, mas por devoção de amor e de verdade ao Deus maior, criador de todas as coisas. Amém.

A BÍBLIA REAL ESPÍRITA

CONHEÇA A BÍBLIA REAL, A PRIMEIRA BÍBLIA ESPÍRITA DO MUNDO

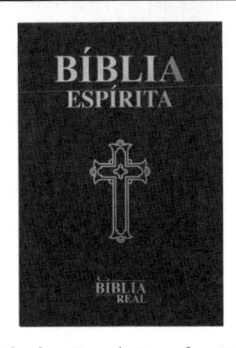

Comunidade Espírita de Umbanda
Coboclo Ubirajara

Rua Doutor Almeida Nobre, 96
Vila Celeste - São Paulo - SP
CEP: 02543-150

- www.abibliaespirita.com.br
- @abiblia.espirita
- A Bíblia Espírita
- A Bíblia Real / Bíblia Espírita
- faceboook.com/cabocloubirajaraoficial/
- faceboook.com/exuecaminho
- faceboook.com/babalaopaipaulo
- faceboook.com/claudiasoutoescritora
- contato@editorarochavera.com.br

Editora Rochaverá

Rua Manoel Dias do Campo, 224 – Vila Santa Maria – São Paulo – SP - CEP: 02564-010
Tel.: (11) 3951-0458
WhatsApp: (11) 98065-2263

EDITORA ROCHAVERÁ